HOW TO DRAW CUTE FASHION CHARACTERS

THIS BOOK BELONGS TO

1
2
3
4
5
6
7
8
9
let's draw

1
2
3
4
5
6
7
8
9
let's draw

1
2
3
4
5
6
7
8
9
let's draw

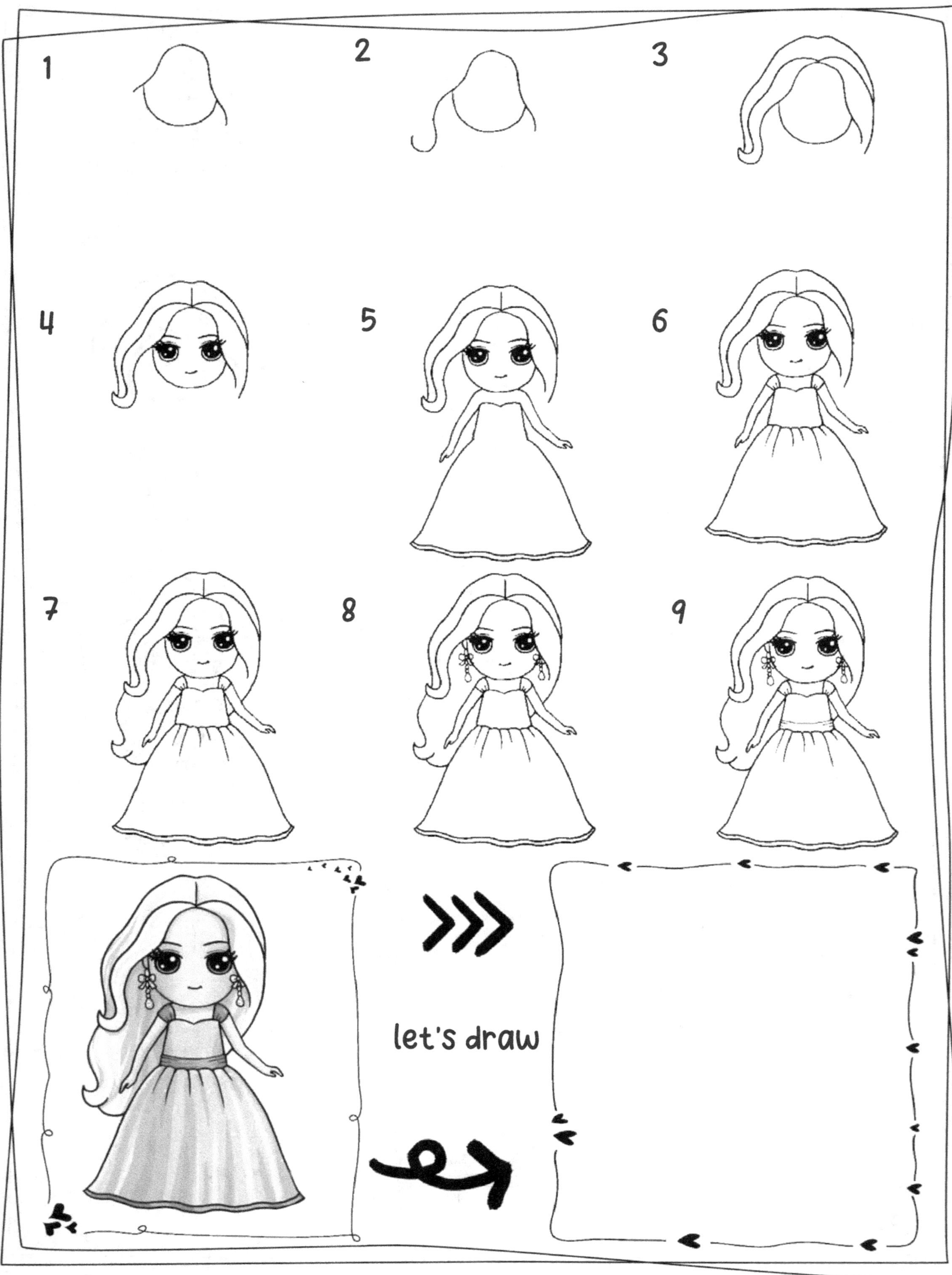

1
2
3
4
5
6
7
8
9
let's draw

1
2
3
4
5
6
7
8
9
let's draw

1
2
3
4
5
6
7
8
9
let's draw

1
2
3
4
5
6
7
8
9
let's draw

1
2
3
4
5
6
7
8
9
let's draw

1
2
3
4
5
6
7
8
9
let's draw

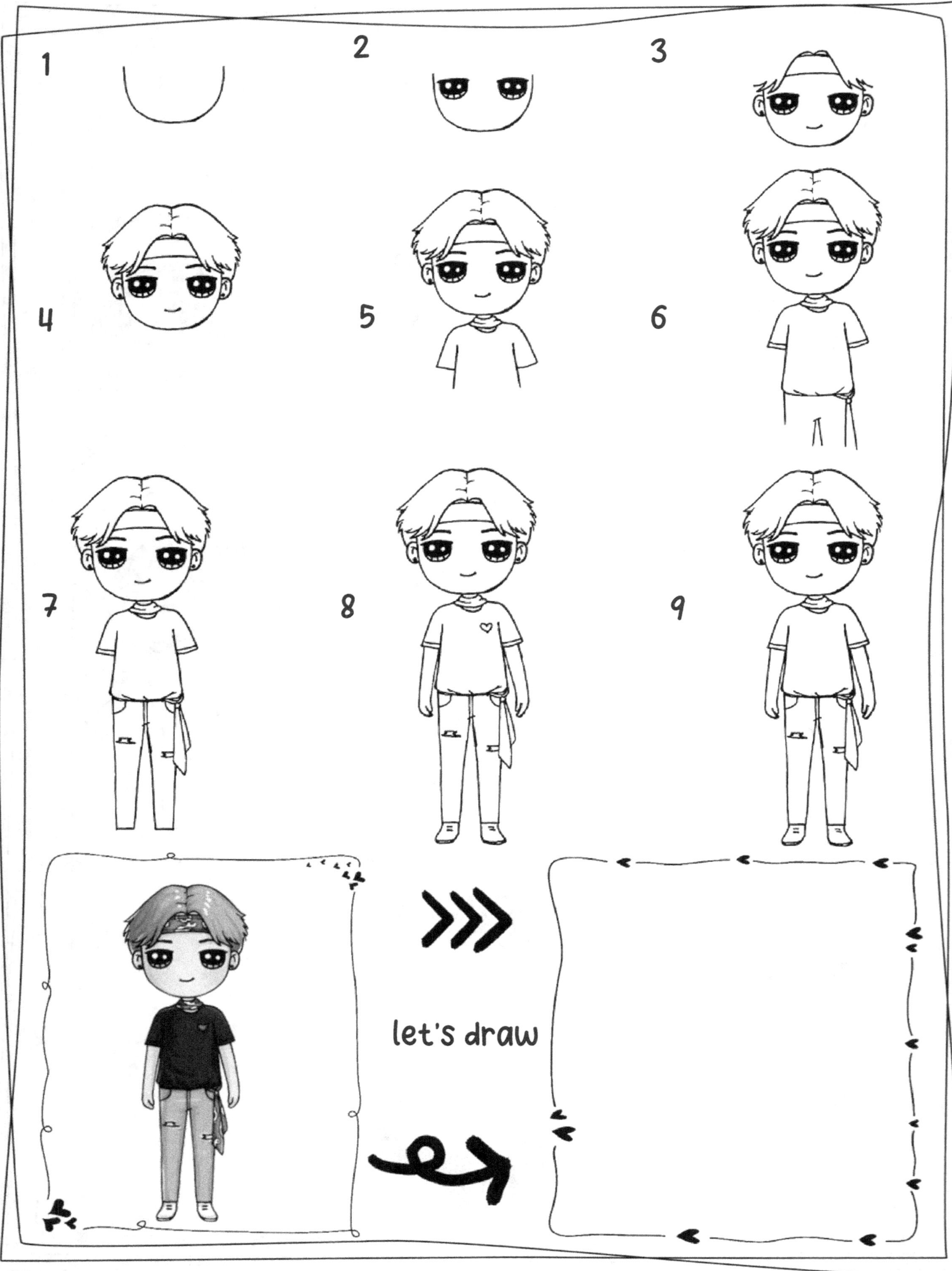

1
2
3
4
5
6
7
8
9
let's draw

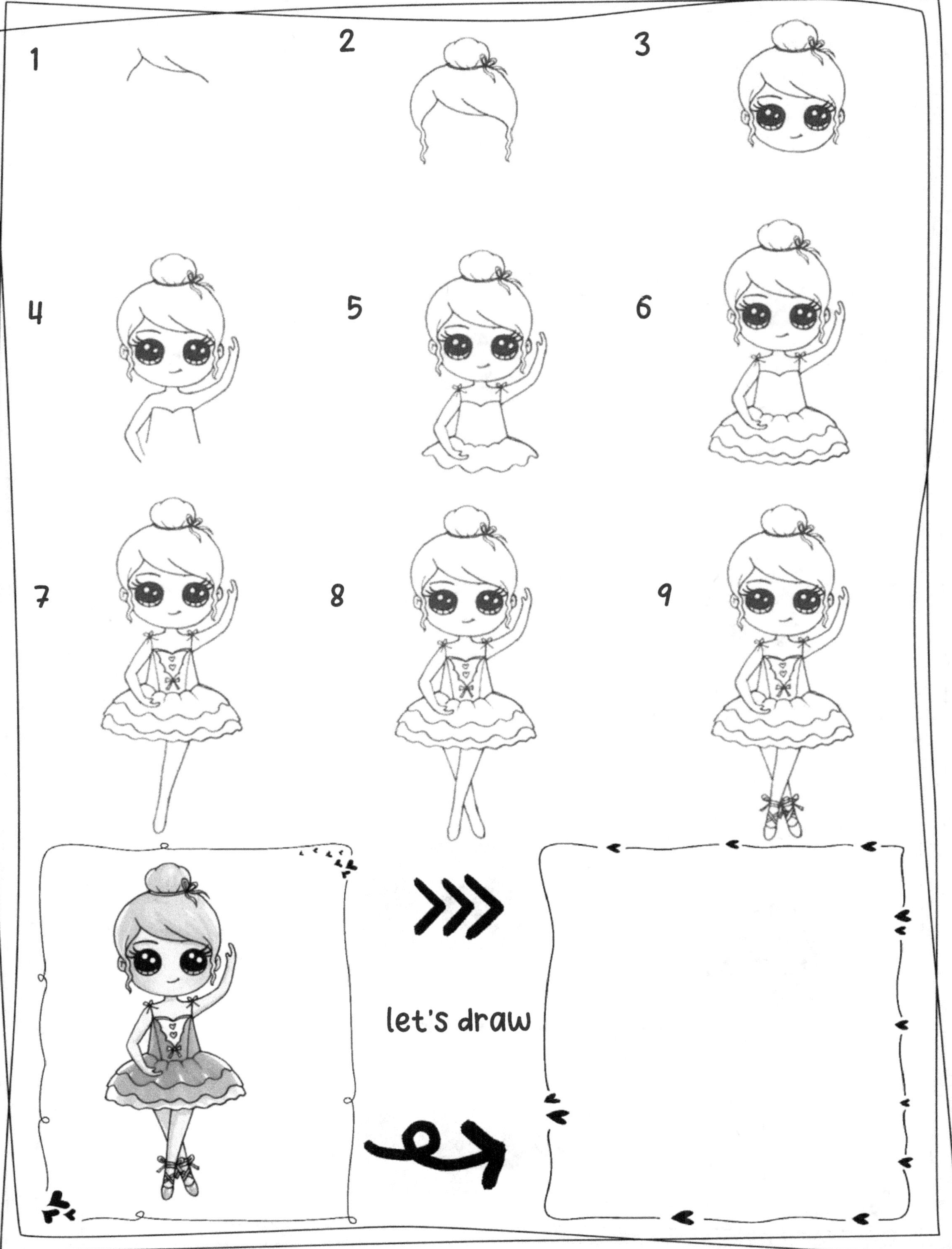

1
2
3
4
5
6
7
8
9
let's draw

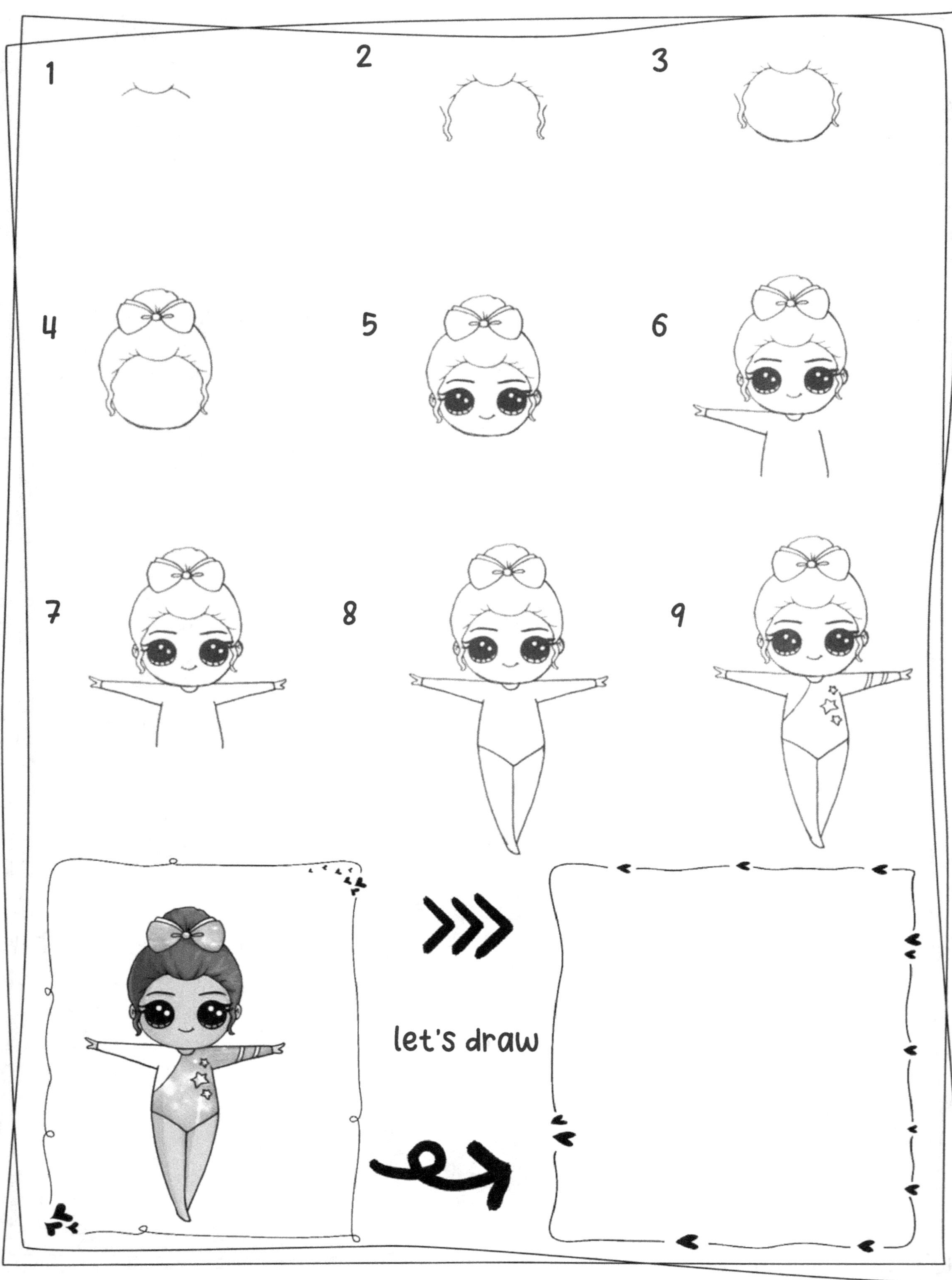

1

2

3

4

5

6

7

8

9

let's draw

1
2
3
4
5
6
7
8
9
let's draw

1
2
3
4
5
6
7
8
9
let's draw

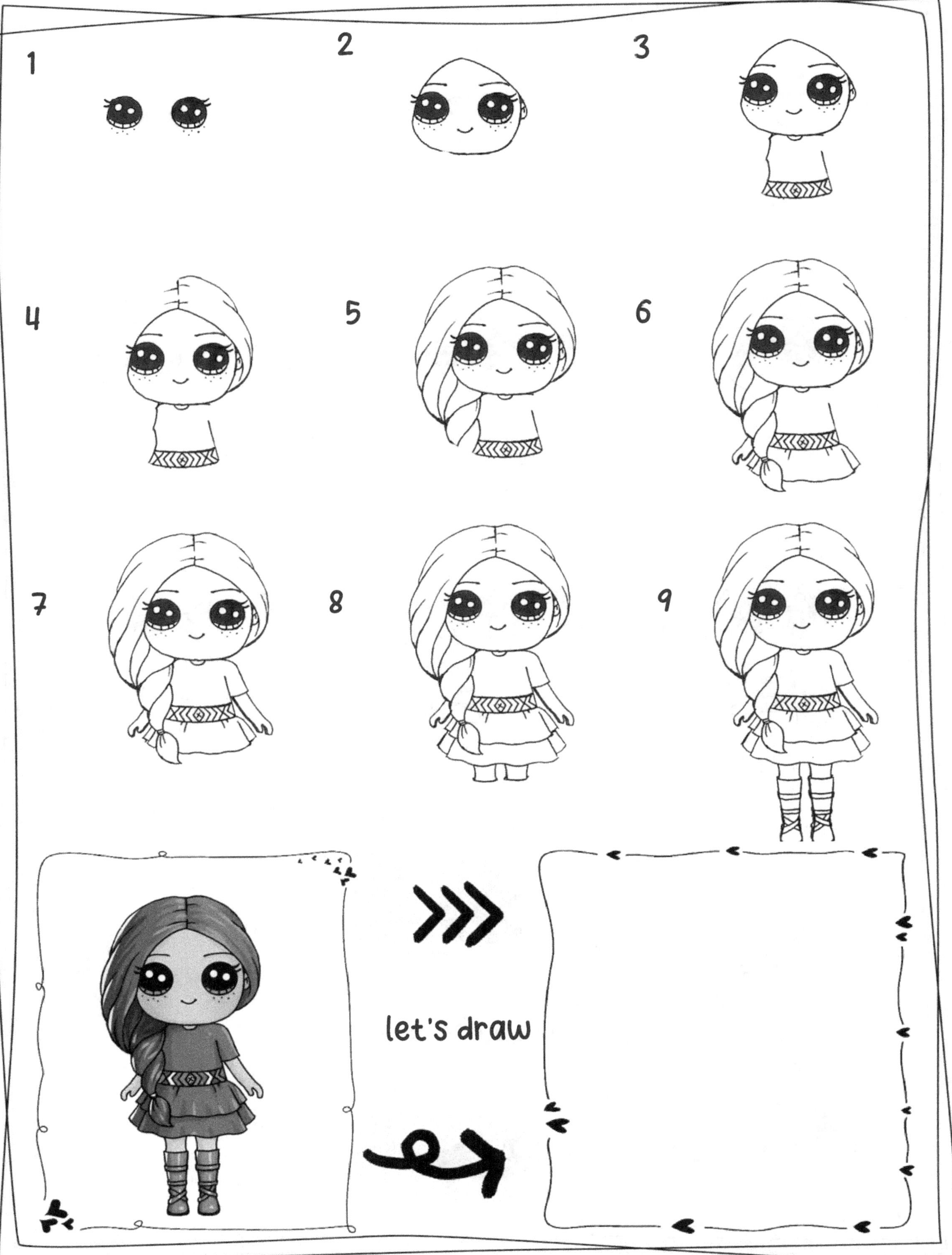

1
2
3
4
5
6
7
8
9
let's draw

1
2
3
4
5
6
7
8
9
let's draw

1
2
3
4
5
6
7
8
9
let's draw

1
2
3
4
5
6
7
8
9
let's draw

1
2
3
4
5
6
7
8
9
let's draw

1
2
3
4
5
6
7
8
9
let's draw

1
2
3
4
5
6
7
8
9
let's draw

1
2
3
4
5
6
7
8
9
let's draw

1

2

3

4

5

6

7

8

9

1
2
3
4
5
6
7
8
9
let's draw

1
2
3
4
5
6
7
8
9
let's draw

1
2
3
4
5
6
7
8
9
let's draw

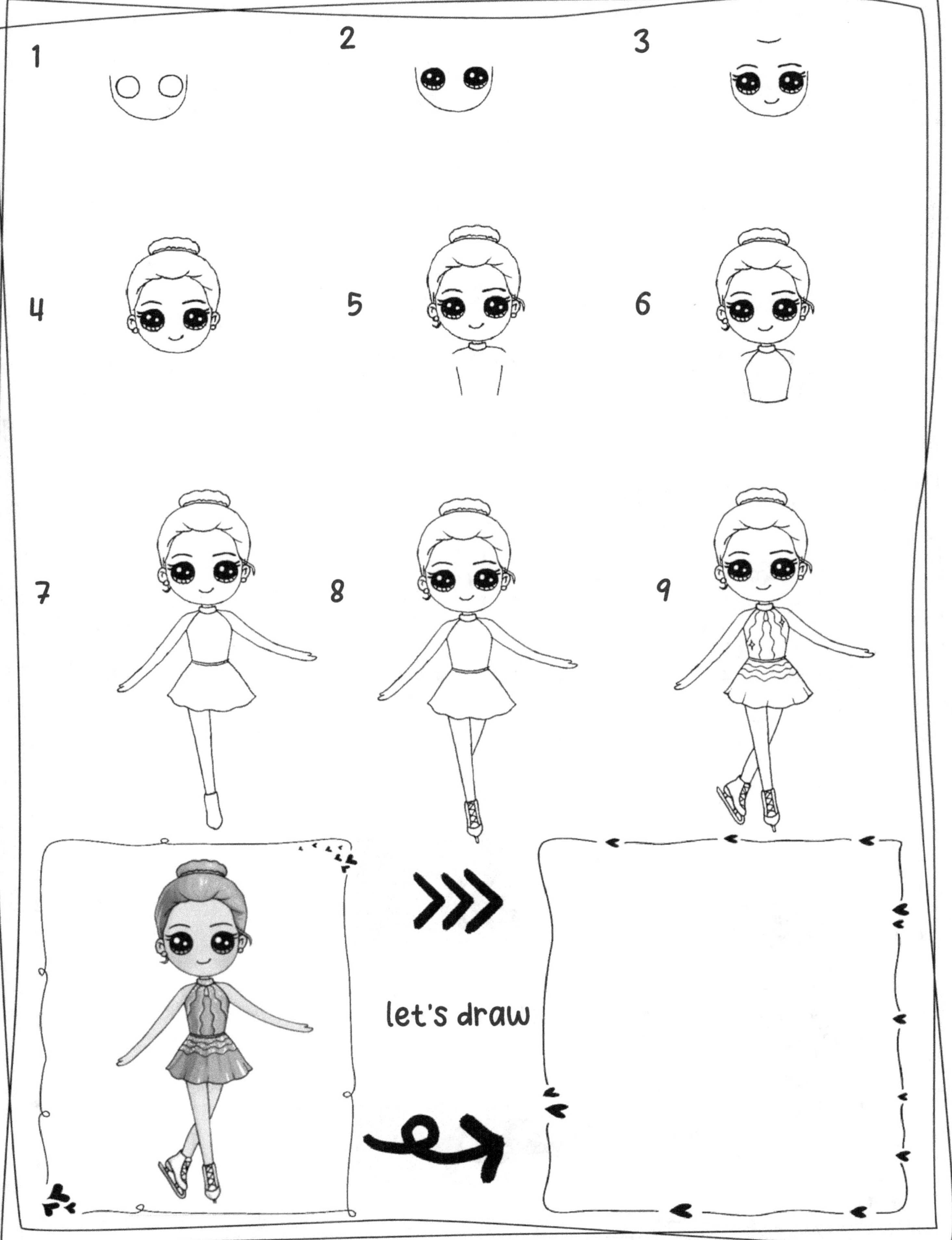

1

2

3

4

5

6

7

8

9

1
2
3
4
5
6
7
8
9
let's draw

1
2
3
4
5
6
7
8
9
let's draw

1
2
3
4
5
6
7
8
9
let's draw

1
2
3
4
5
6
7
8
9
let's draw

1
2
3
4
5
6
7
8
9
let's draw

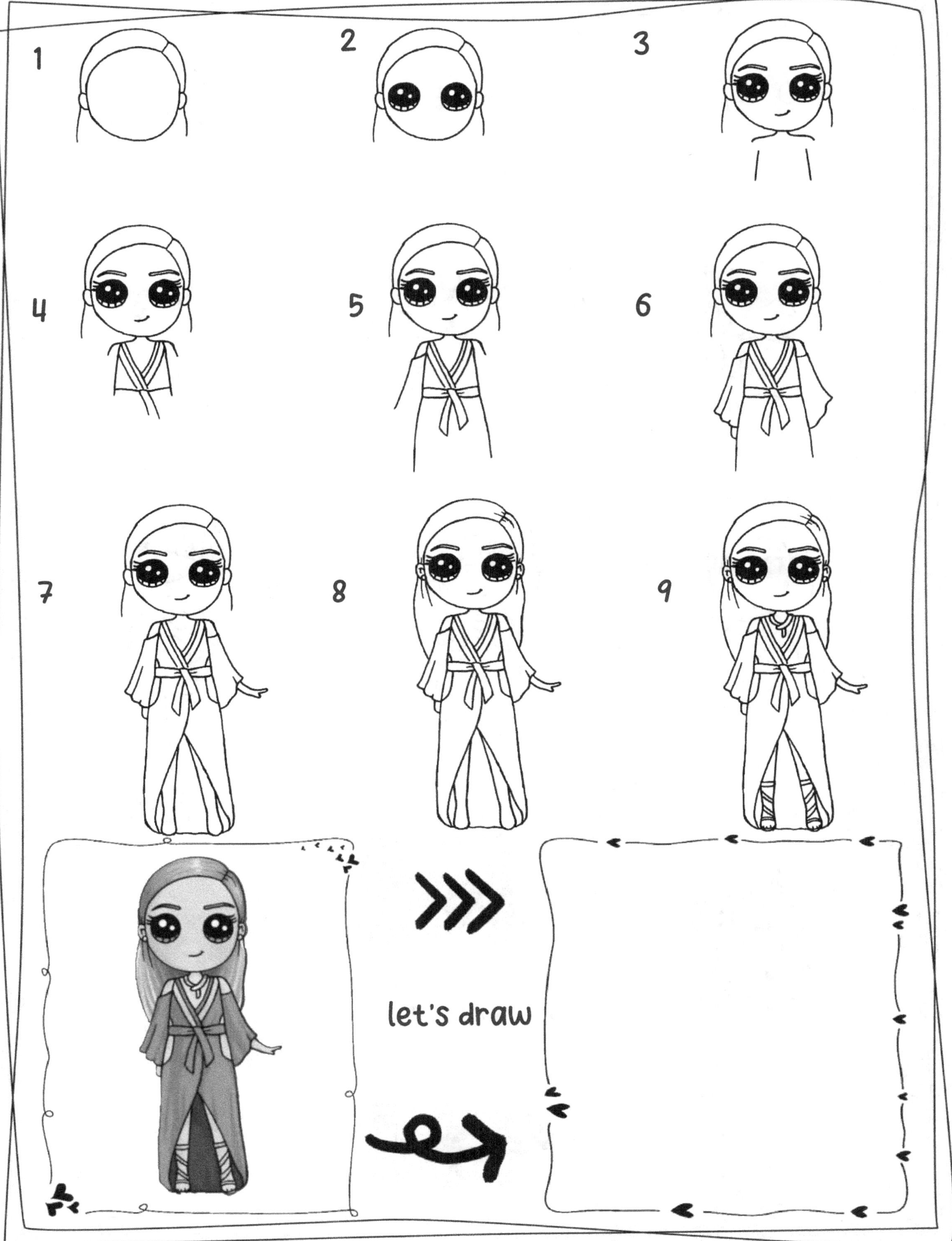

1
2
3
4
5
6
7
8
9
let's draw

1
2
3
4
5
6
7
8
9
let's draw

1
2
3
4
5
6
7
8
9
let's draw

1
2
3
4
5
6
7
8
9
let's draw

1
2
3
4
5
6
7
8
9
let's draw

1
2
3
4
5
6
7
8
9
let's draw

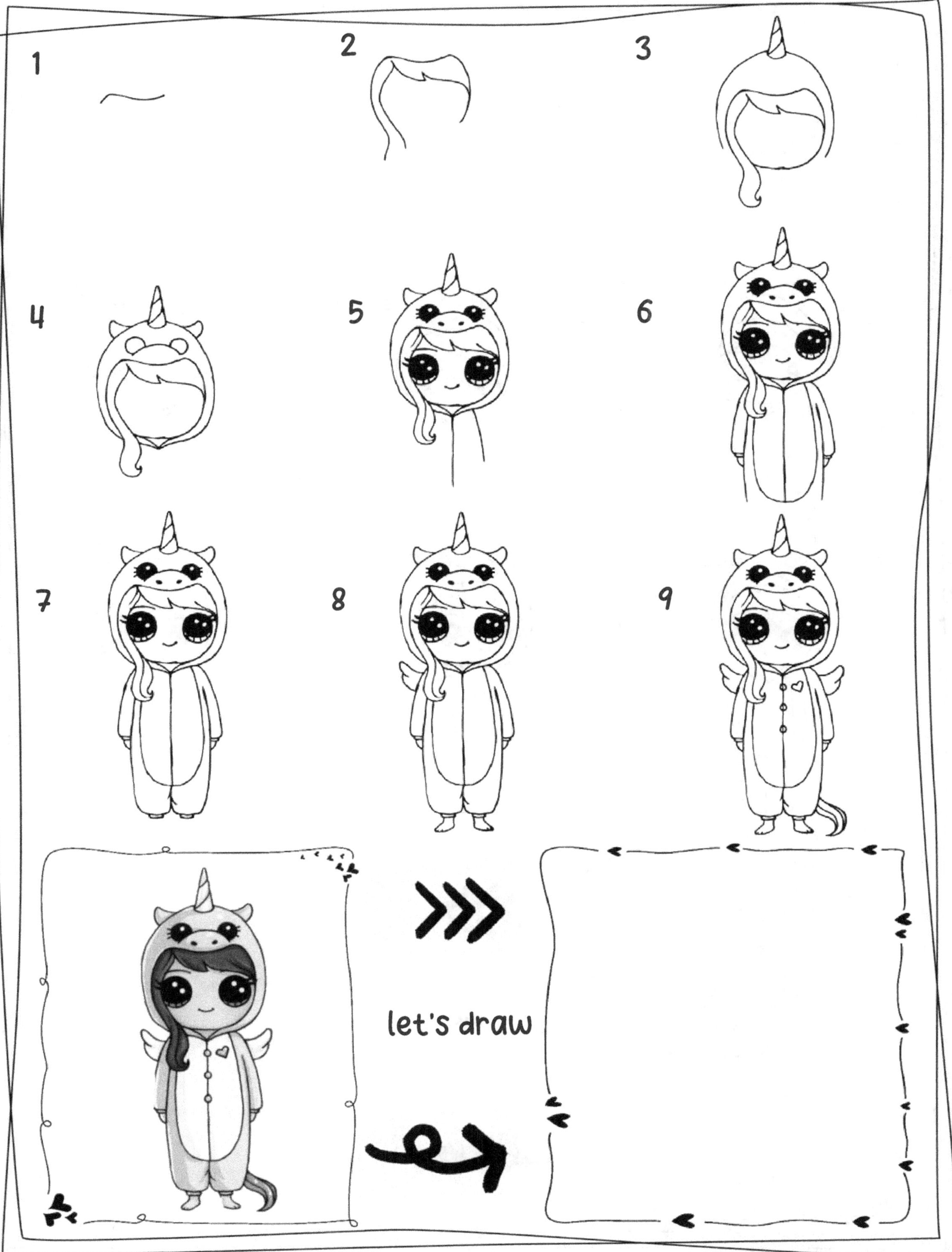

1
2
3
4
5
6
7
8
9
let's draw

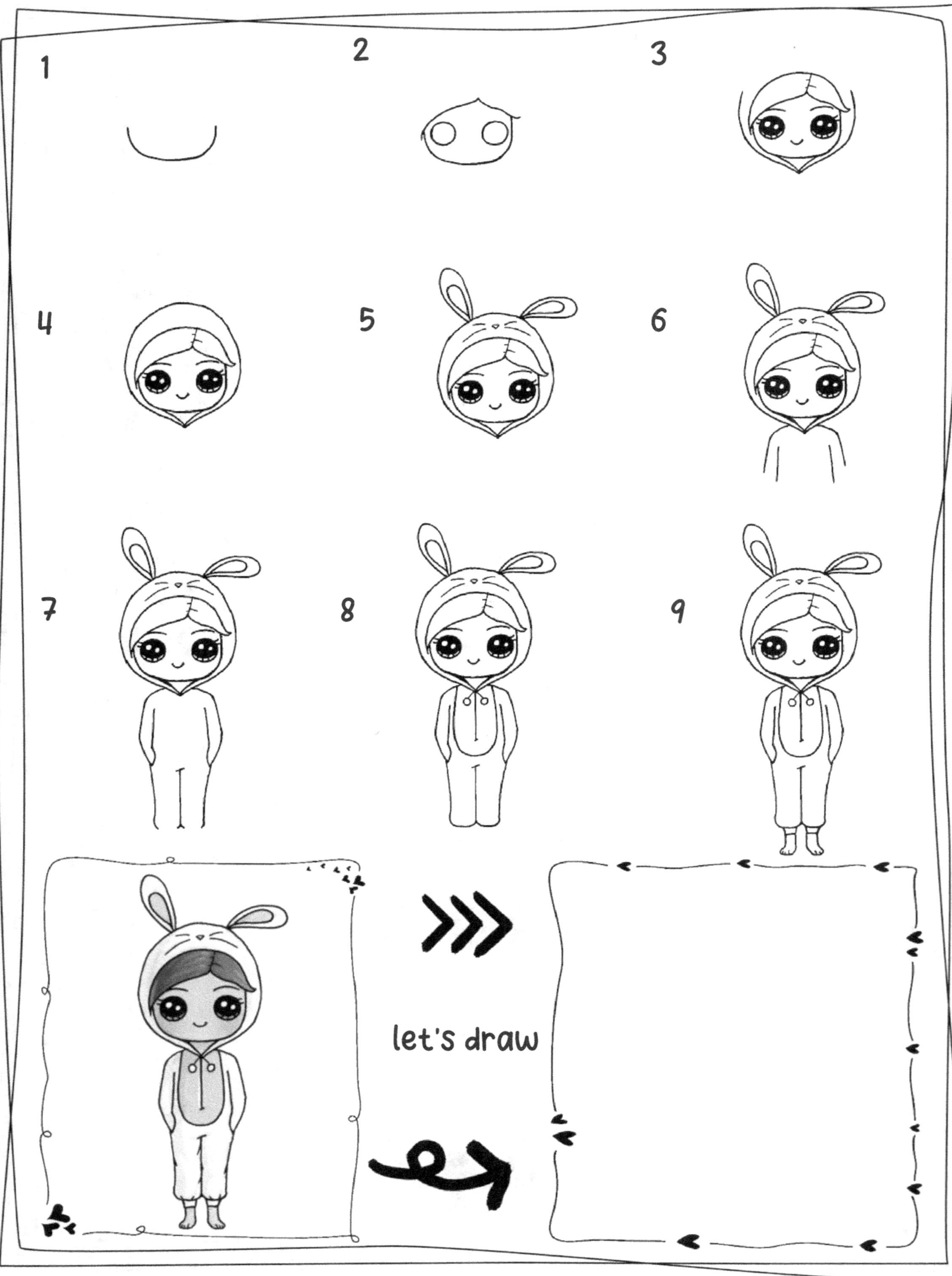
1
2
3
4
5
6
7
8
9
let's draw

1
2
3
4
5
6
7
8
9
let's draw

1
2
3
4
5
6
7
8
9
let's draw

1
2
3
4
5
6
7
8
9
let's draw

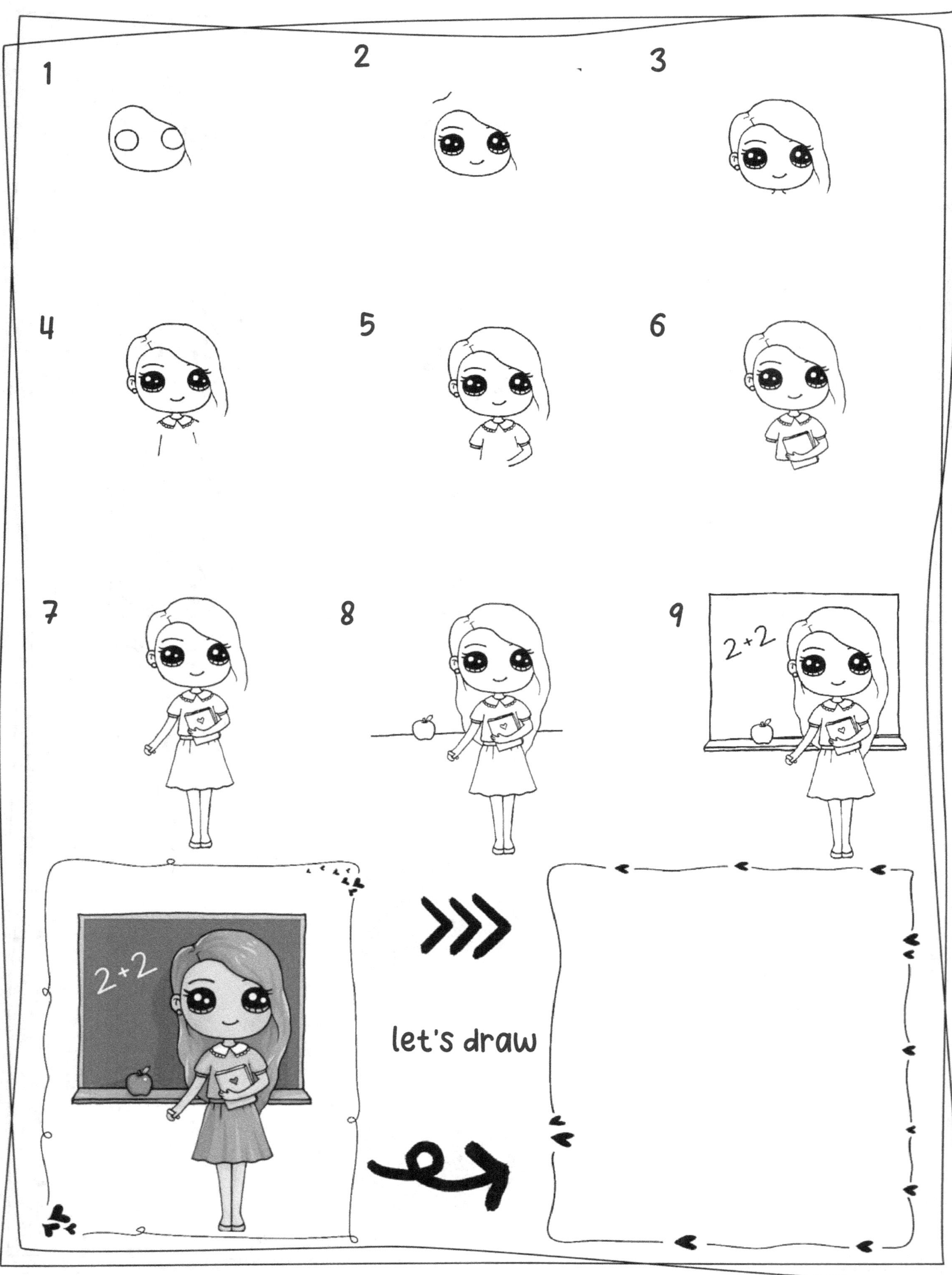
1
2
3
4
5
6
7
8
9
2+2
2+2
let's draw

1
2
3
4
5
6
7
8
9
let's draw

1
2
3
4
5
6
7
8
9
let's draw

1
2
3
4
5
6
7
8
9
let's draw

1
2
3
4
5
6
7
8
9
let's draw

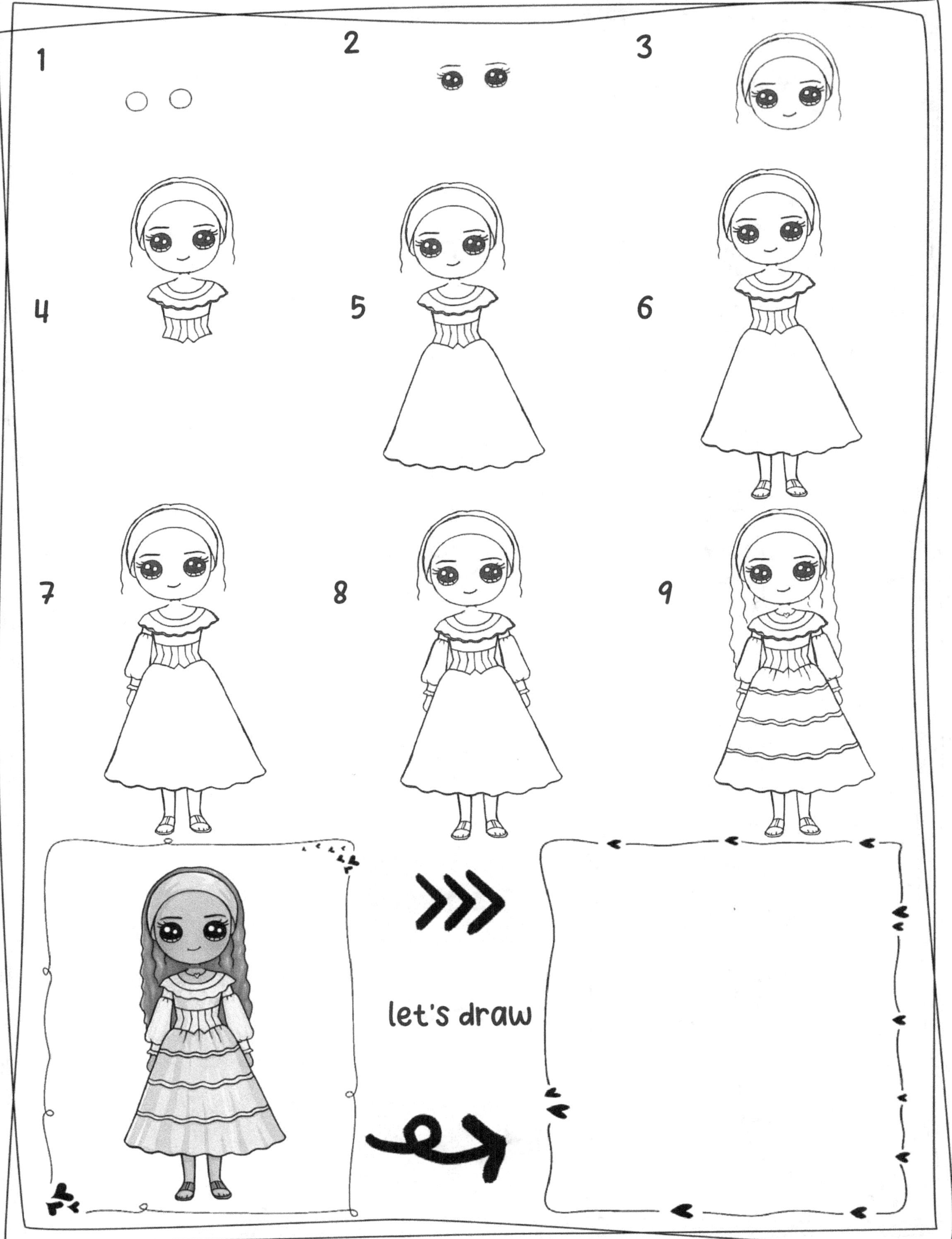

1
2
3
4
5
6
7
8
9
let's draw

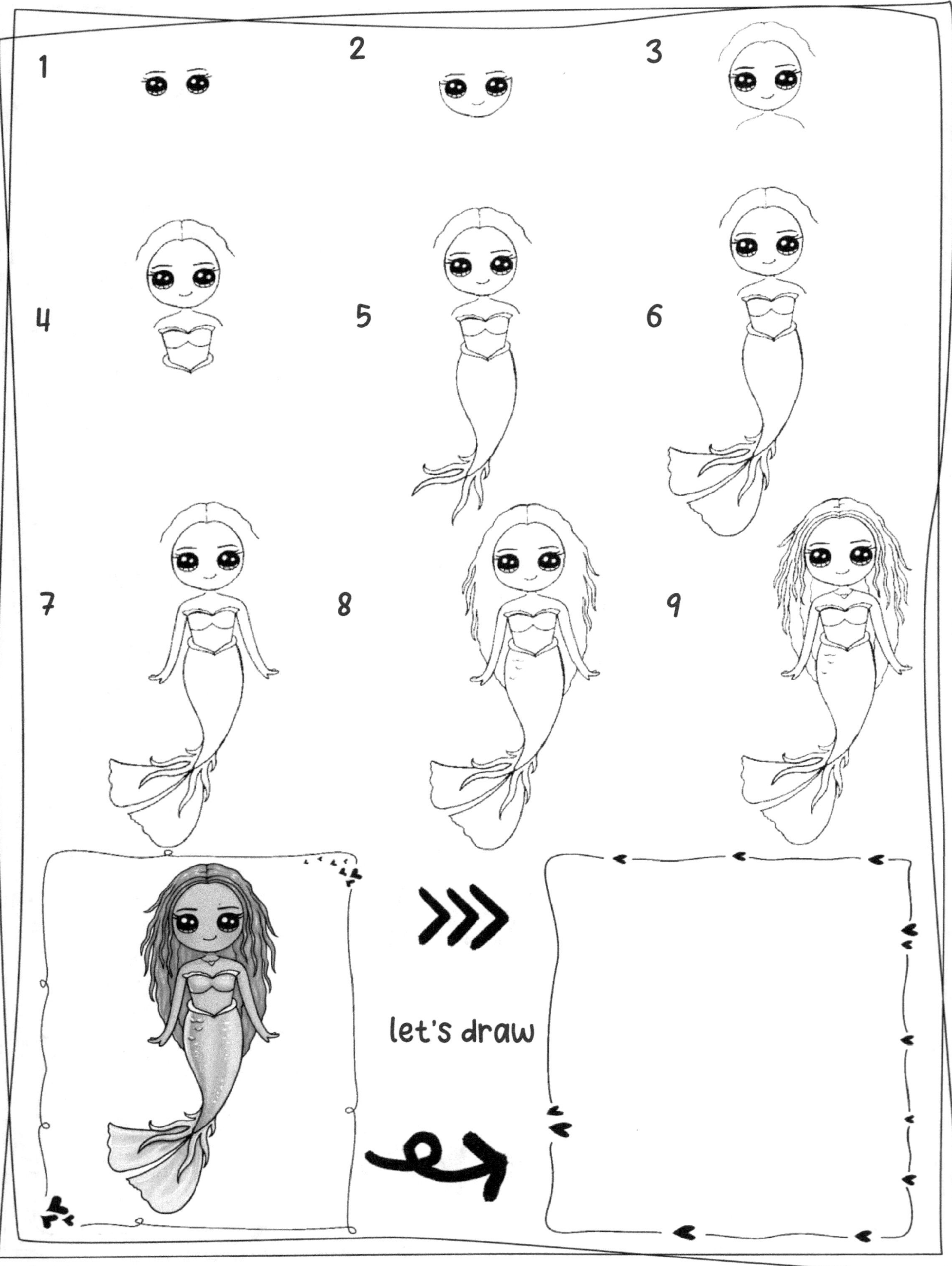

1
2
3
4
5
6
7
8
9
let's draw

1

2

3

4

5

6

7

8

9

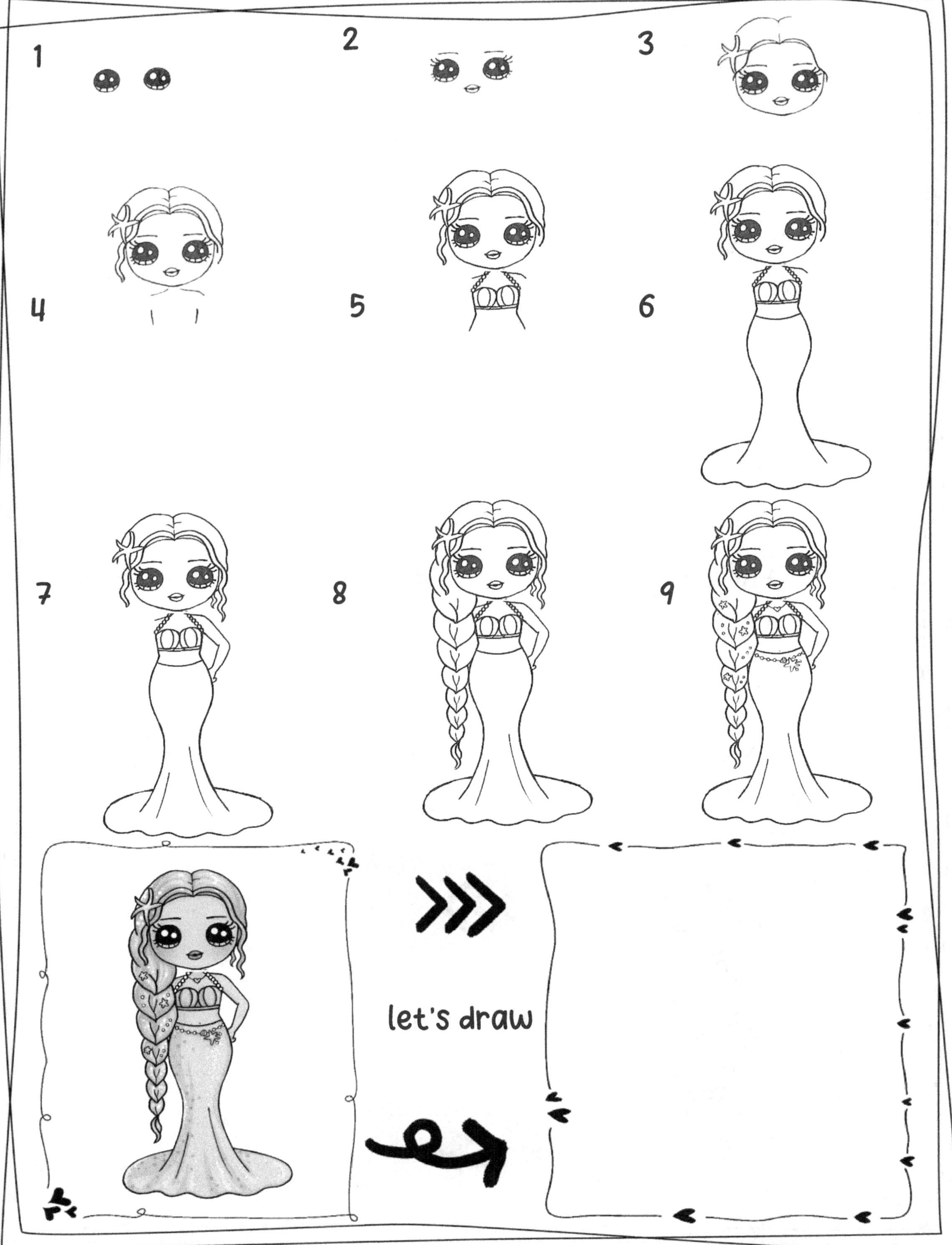

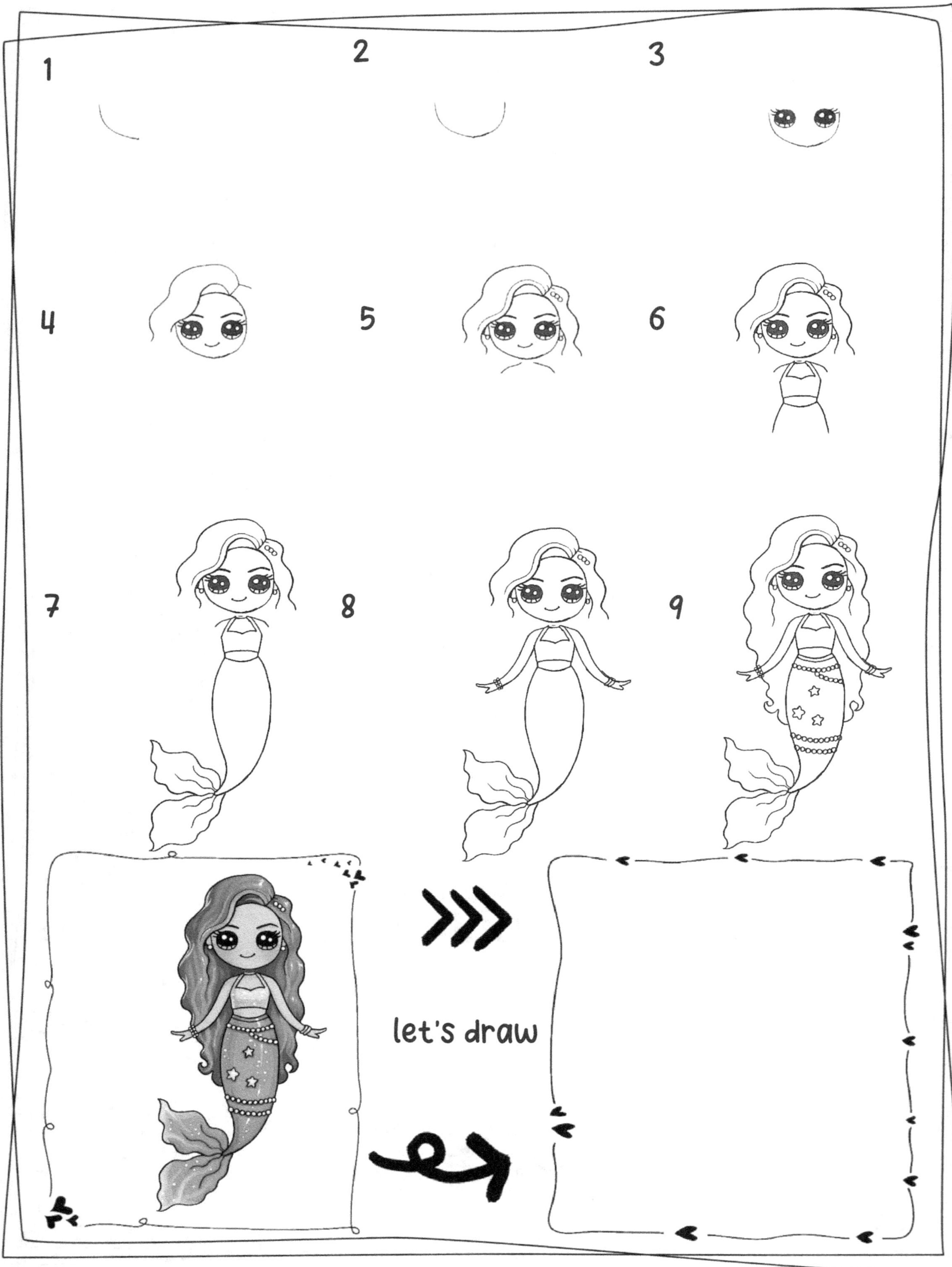

1
2
3
4
5
6
7
8
9
let's draw

1
2
3
4
5
6
7
8
9
let's draw

1
2
3
4
5
6
7
8
9
let's draw

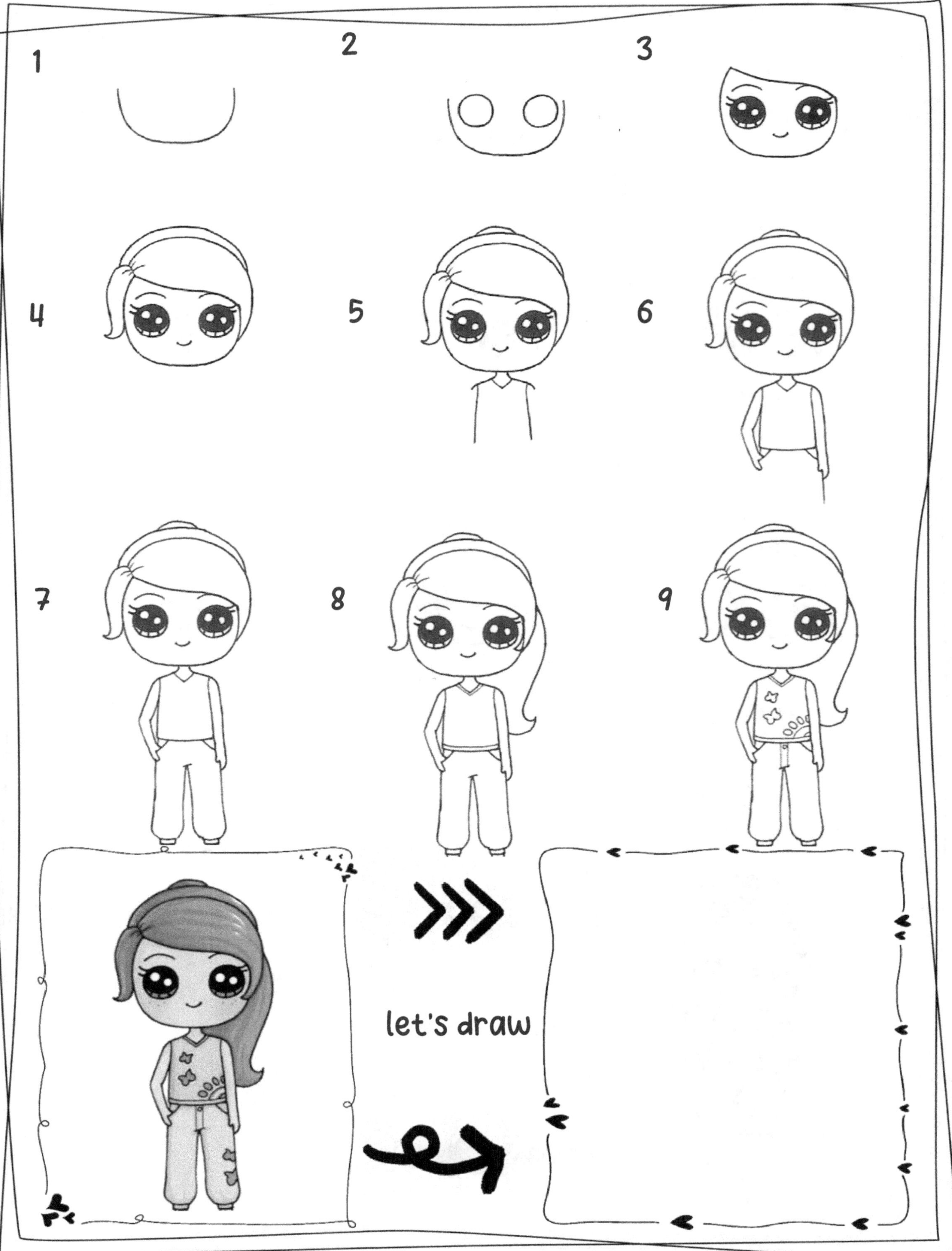

1
2
3
4
5
6
7
8
9
let's draw

1

2

3

4

5

6

7

8

9

1
2
3
4
5
6
7
8
9
let's draw

1
2
3
4
5
6
7
8
9
let's draw

1
2
3
4
5
6
7
8
9
let's draw

1
2
3
4
5
6
7
8
9
let's draw

1
2
3
4
5
6
7
8
9
let's draw

1
2
3
4
5
6
7
8
9
let's draw

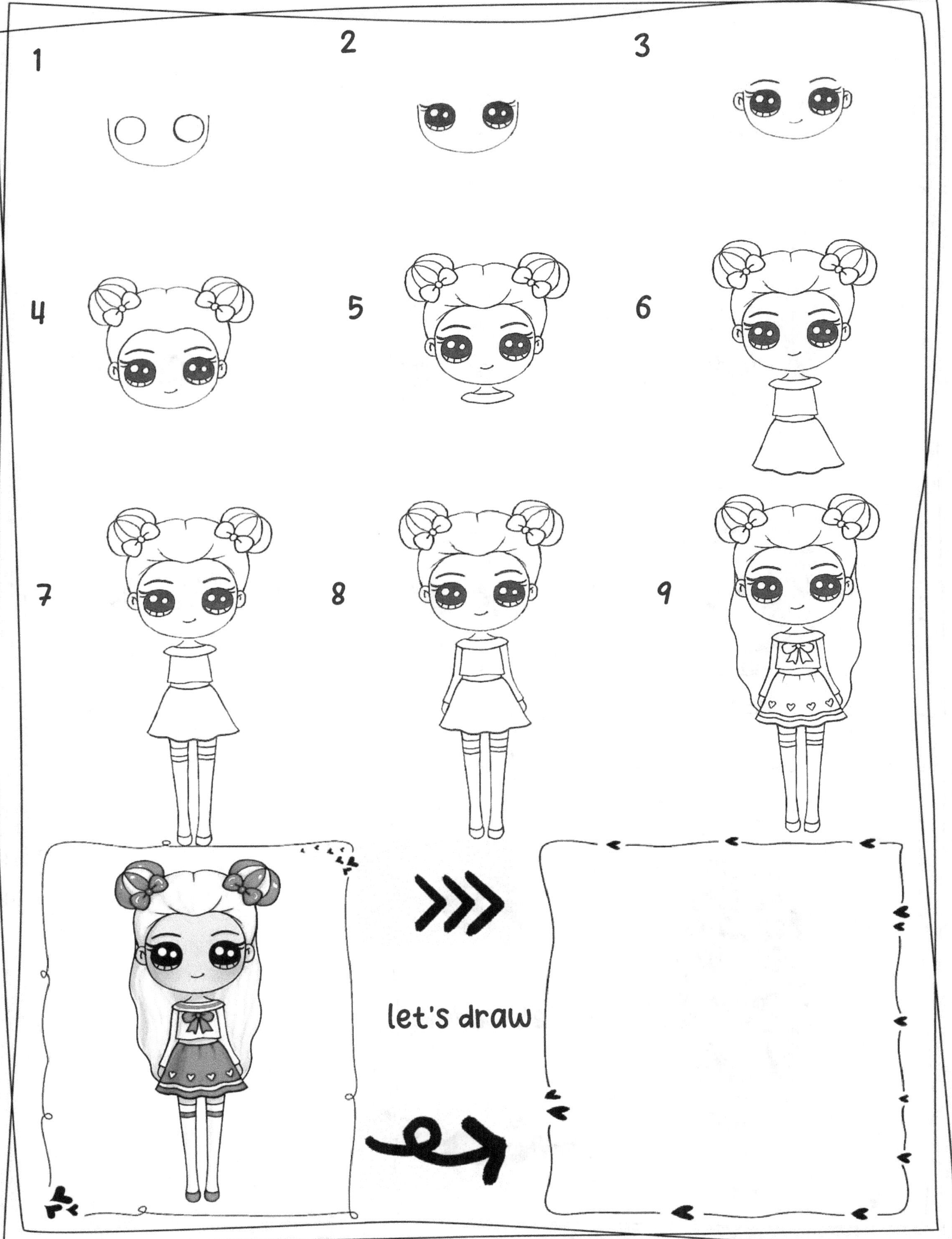

1
2
3
4
5
6
7
8
9
let's draw

1
2
3
4
5
6
7
8
9
let's draw

1
2
3
4
5
6
7
8
9
let's draw

1
2
3
4
5
6
7
8
9
let's draw

1
2
3
4
5
6
7
8
9
let's draw

1
2
3
4
5
6
7
8
9
let's draw

1
2
3
4
5
6
7
8
9
let's draw

1
2
3
4
5
6
7
8
9
let's draw

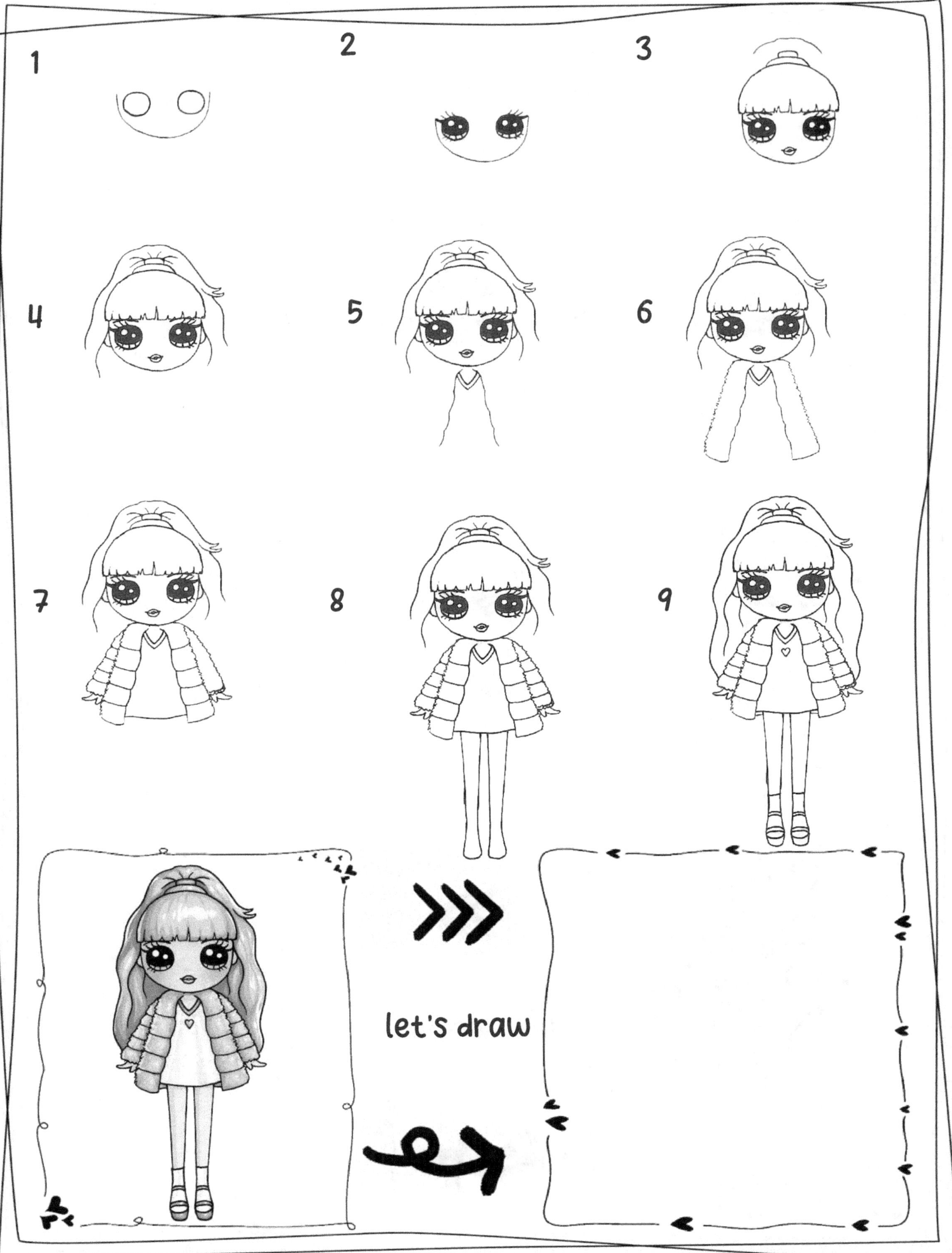

1
2
3
4
5
6
7
8
9
let's draw

1
2
3
4
5
6
7
8
9
let's draw

1
2
3
4
5
6
7
8
9
let's draw

1
2
3
4
5
6
7
8
9
let's draw

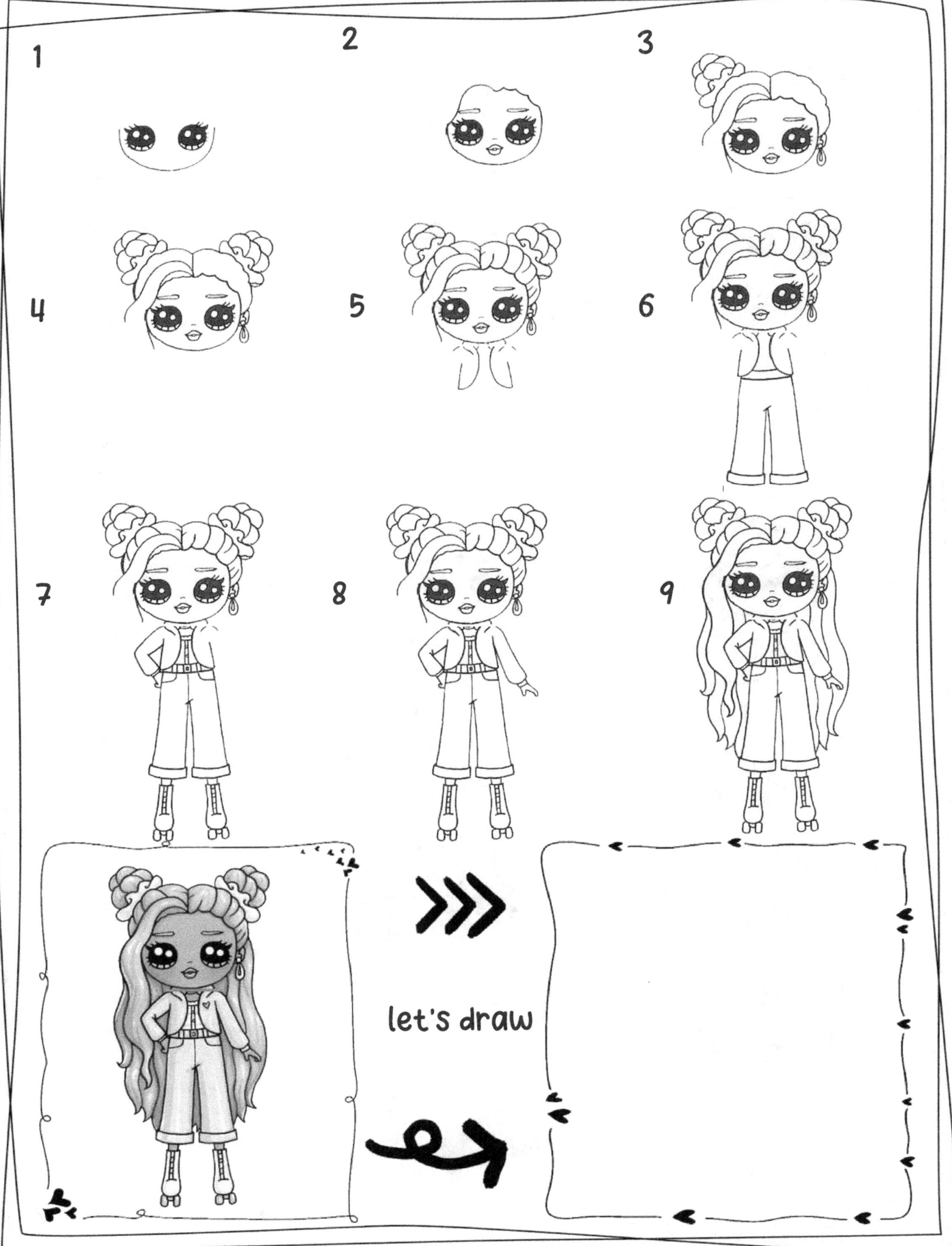

1
2
3
4
5
6
7
8
9
let's draw

1
2
3
4
5
6
7
8
9
let's draw

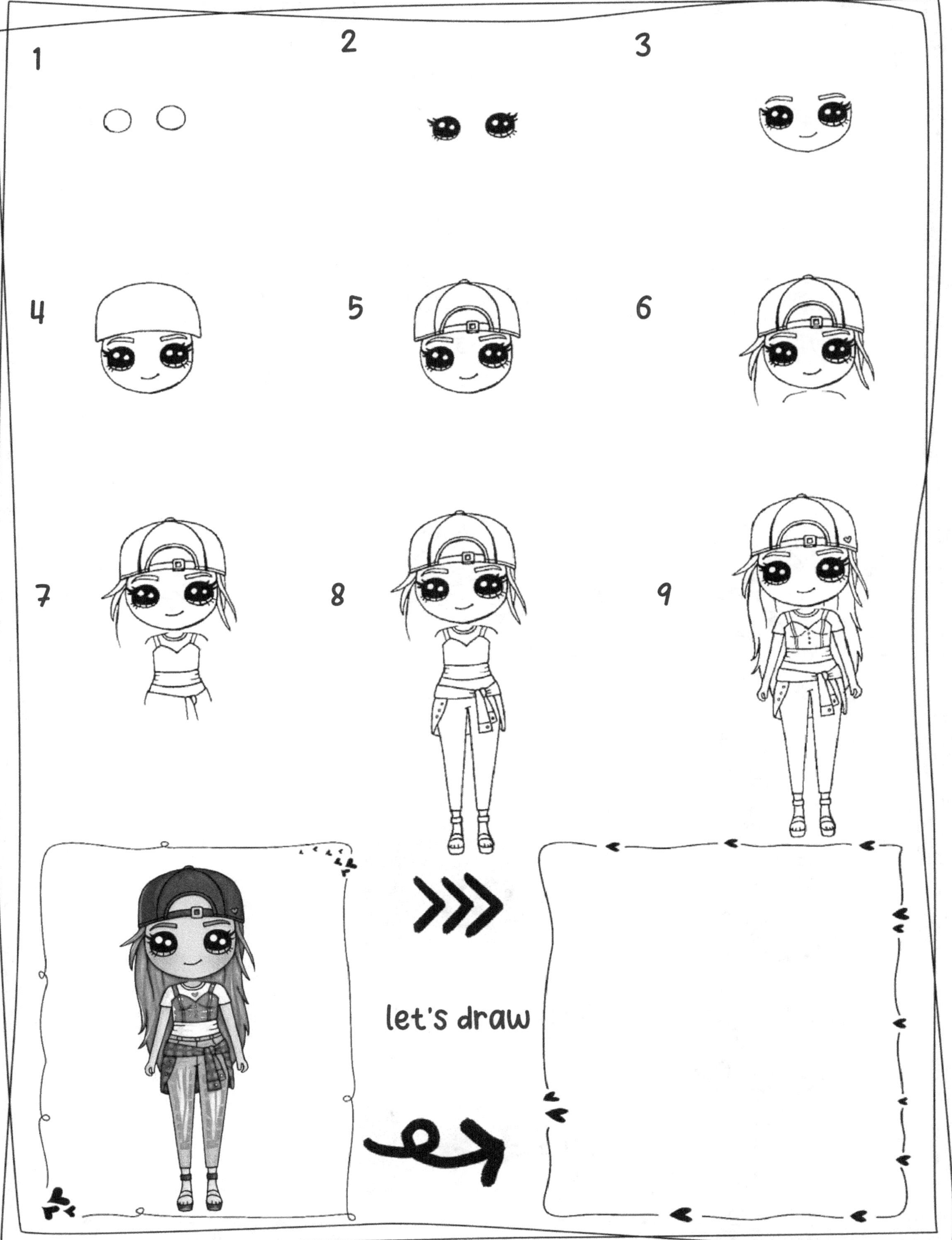

1
2
3
4
5
6
7
8
9
let's draw

1
2
3
4
5
6
7
8
9
let's draw

1
2
3
4
5
6
7
8
9
let's draw

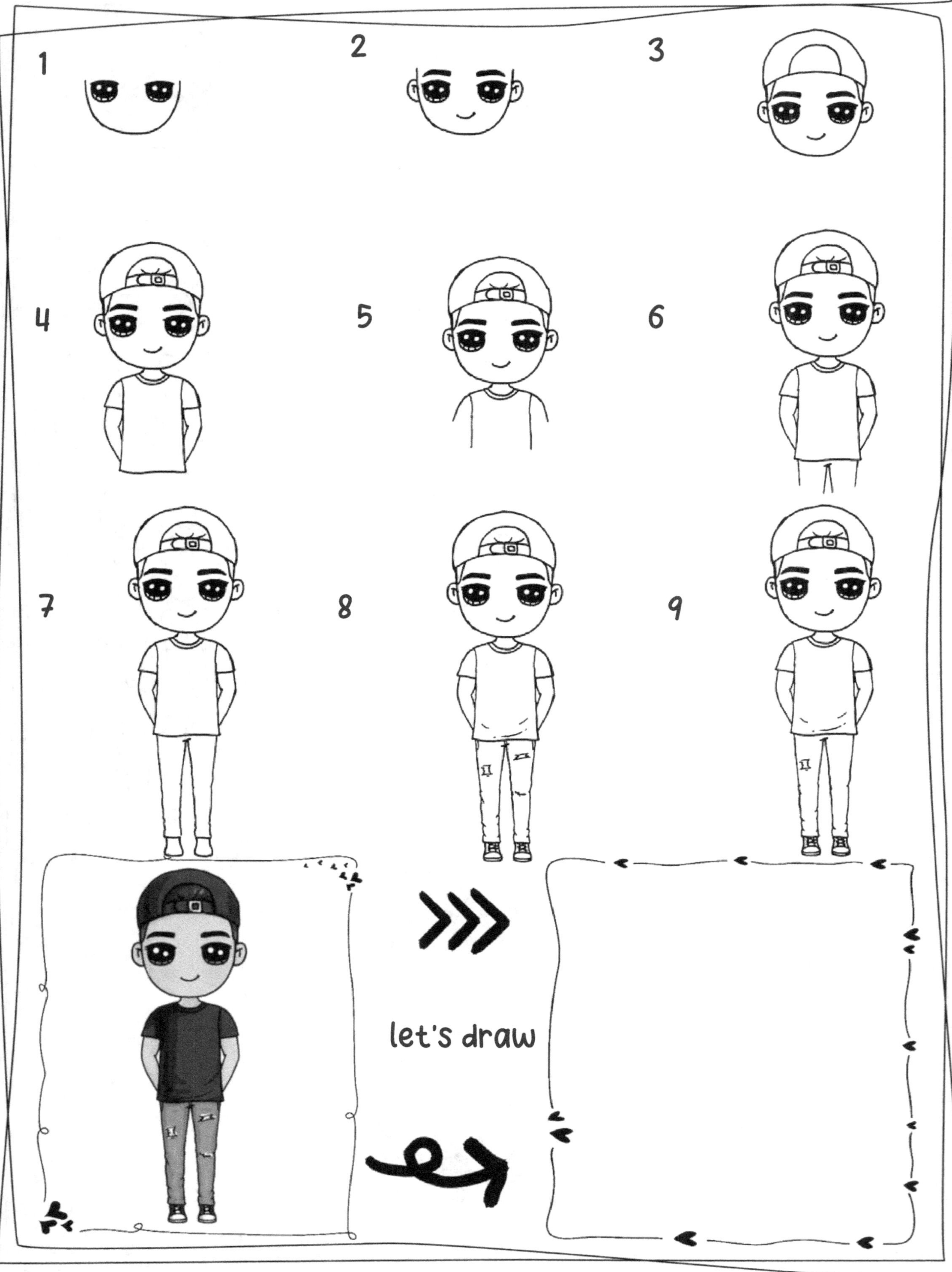
1
2
3
4
5
6
7
8
9
let's draw

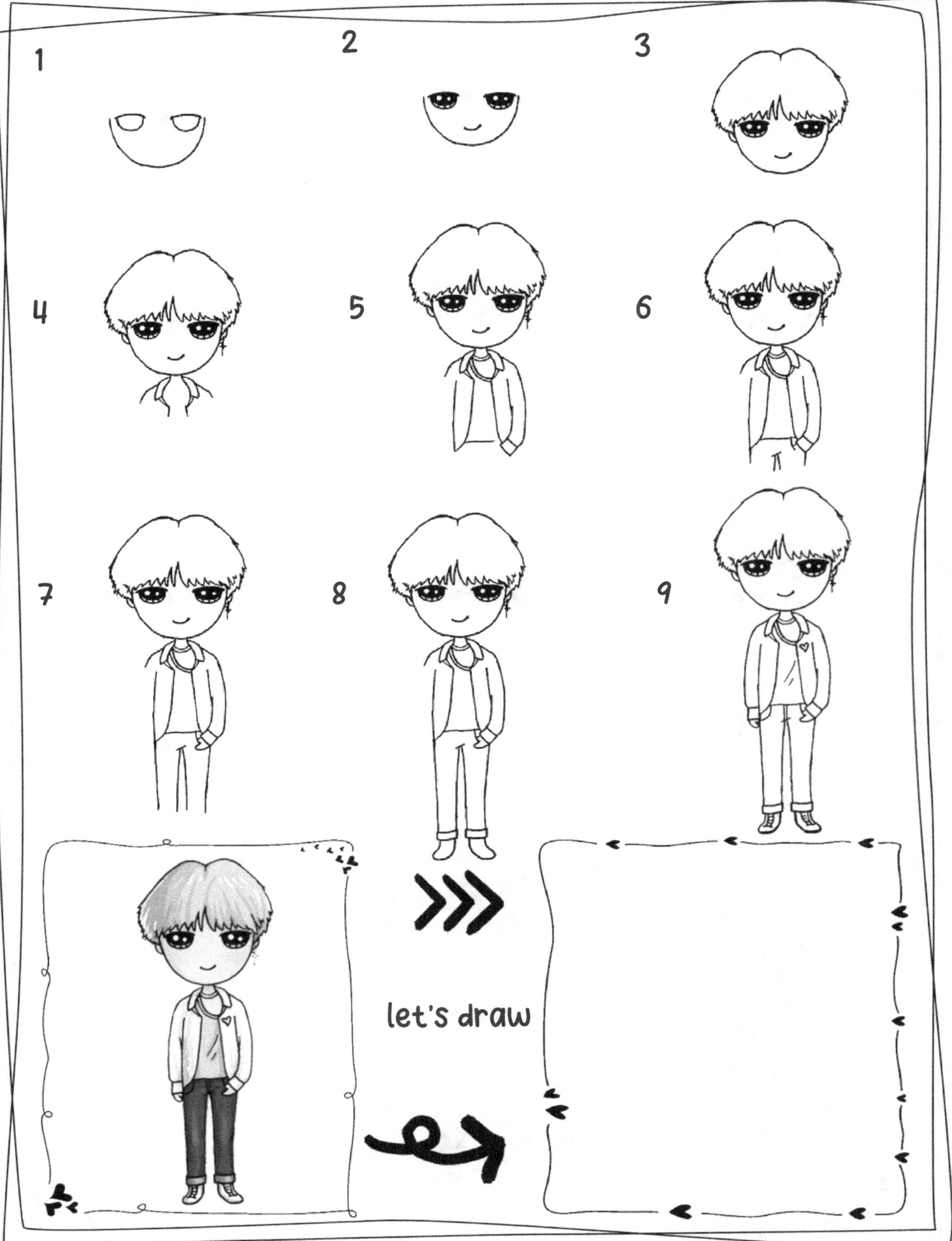

1
2
3
4
5
6
7
8
9
let's draw

1
2
3
4
5
6
7
8
9
let's draw

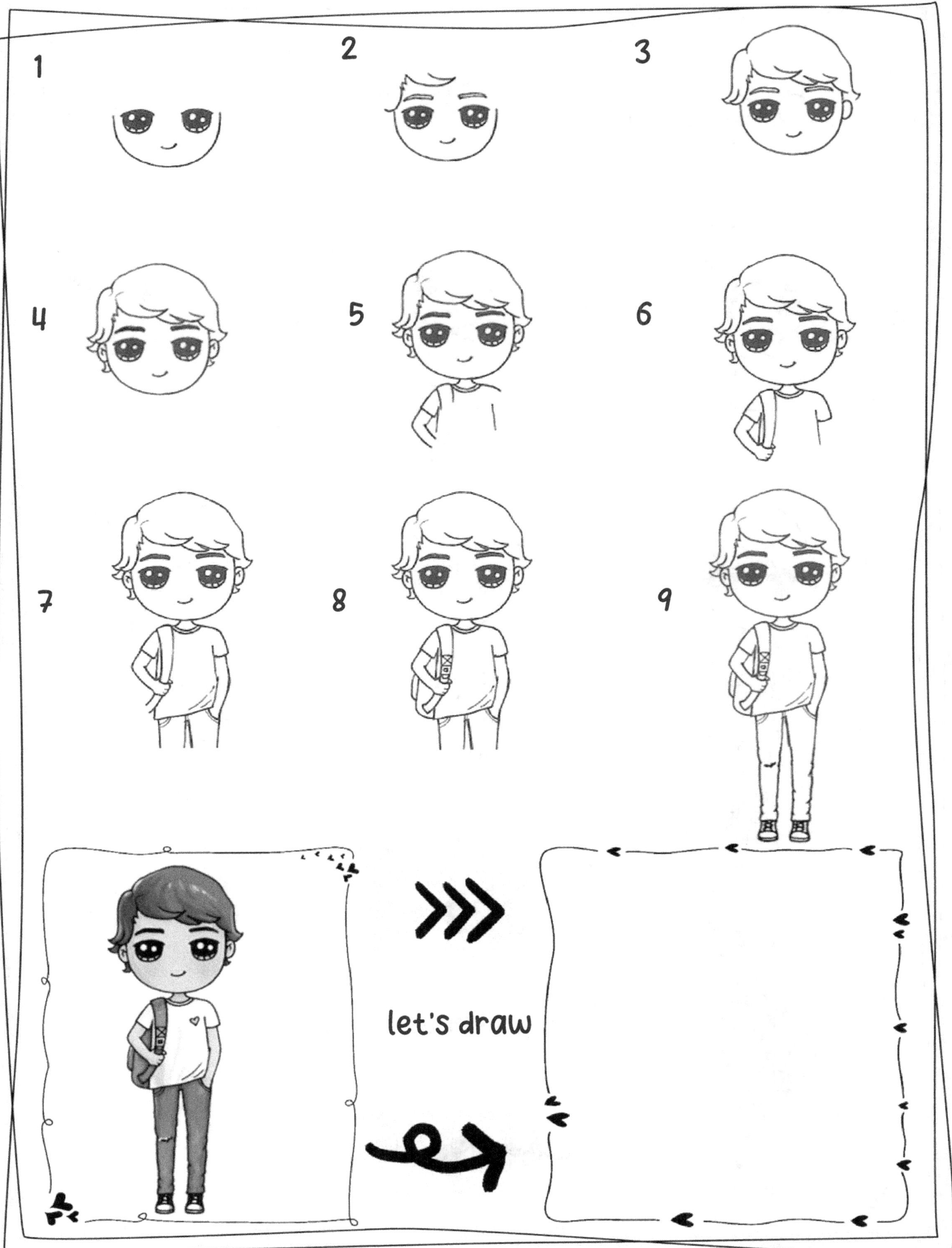

1
2
3
4
5
6
7
8
9
let's draw

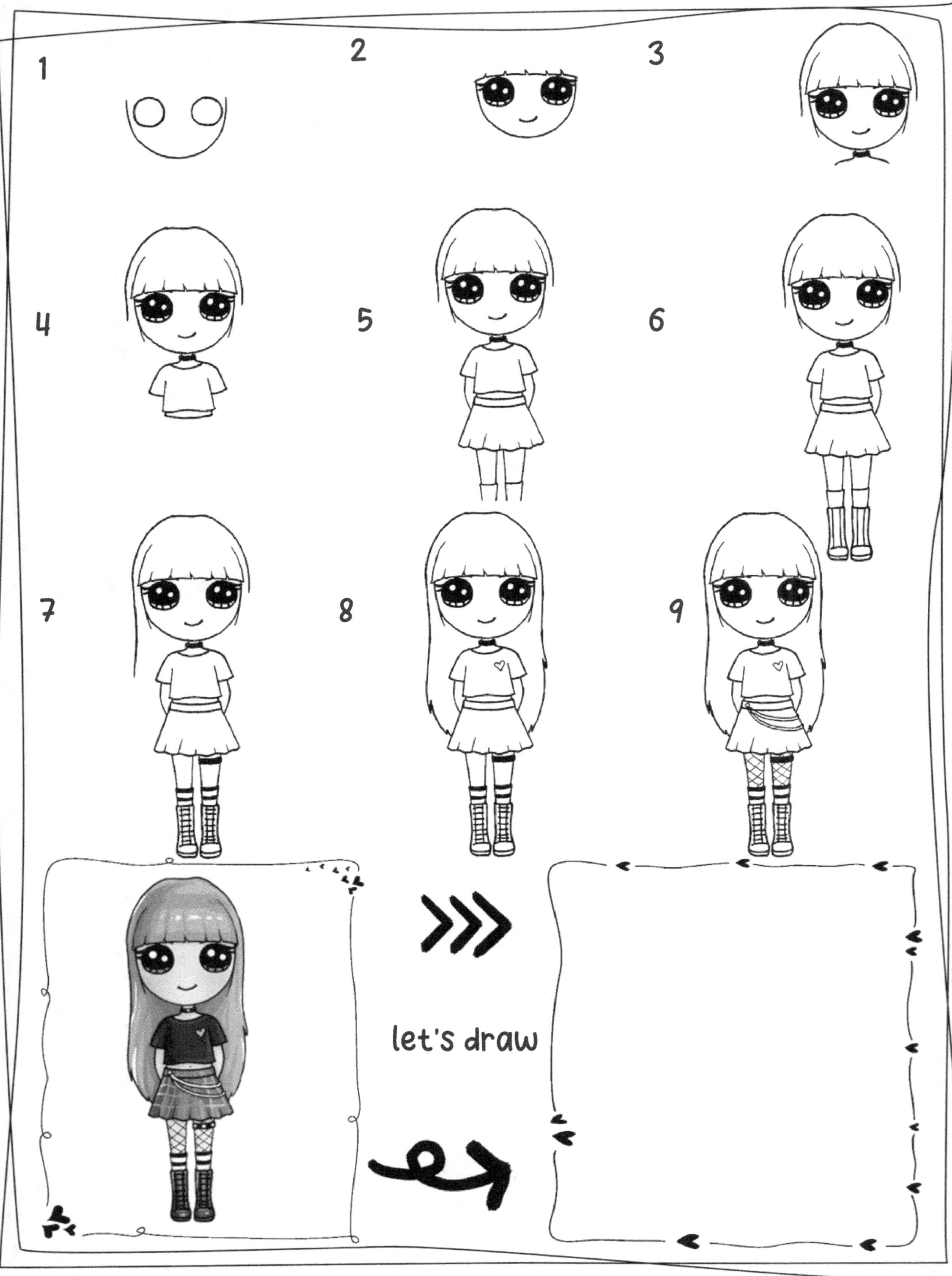

1
2
3
4
5
6
7
8
9
let's draw

1
2
3
4
5
6
7
8
9
let's draw

1
2
3
4
5
6
7
8
9
let's draw

1
2
3
4
5
6
7
8
9
let's draw

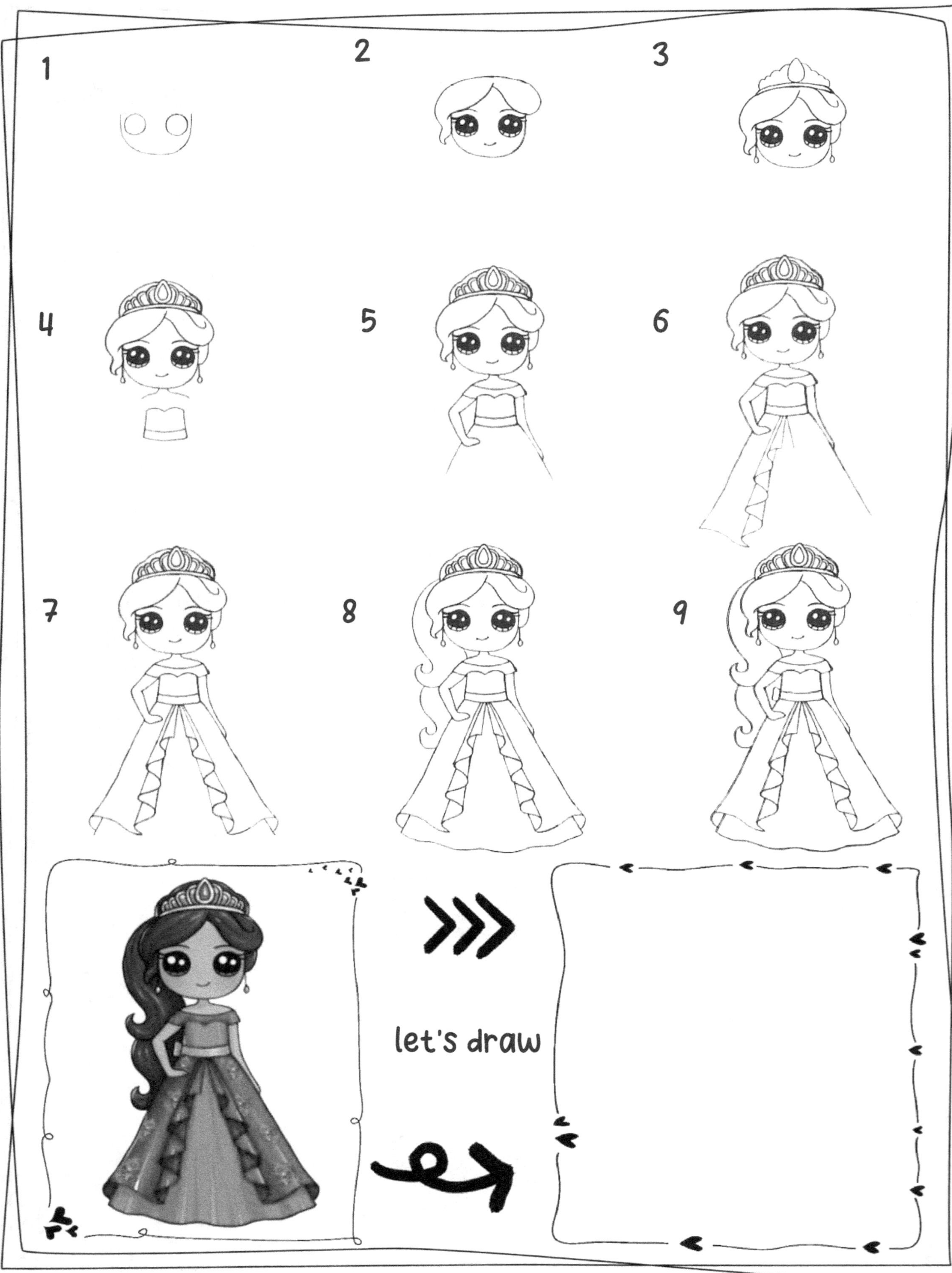

1

2

3

4

5

6

7

8

9

1
2
3
4
5
6
7
8
9
let's draw

1
2
3
4
5
6
7
8
9
let's draw

1
2
3
4
5
6
7
8
9
HATERS
BACK
HATERS
BACK
OFF
HATERS
BACK
OFF
let's draw

1
2
3
4
5
6
7
8
9
let's draw

1
2
3
4
5
6
7
8
9
let's draw

1
2
3
4
5
6
7
8
9
let's draw

1
2
3
4
5
6
7
8
9
let's draw

1
2
3
4
5
6
7
8
9
let's draw

1
2
3
4
5
6
7
8
9
let's draw

1
2
3
4
5
6
7
8
9
let's draw

1
2
3
4
5
6
7
8
9
let's draw

1
2
3
4
5
6
7
8
9
let's draw

Thank you for choosing this book. We really hope you enjoyed every page of this book and created your own art.